Inhalt

Salzburger Land / Salzkammergut

Bekanntes und Unbekanntes
für Sie entdeckt

Salzburg gilt als eine der schönsten Städte Europas. Als Geburtsort Mozarts besitzt sie einen besonderen Ruf auf dem Gebiet der Musik. Dies kommt vor allem in den berühmten Salzburger Festspielen zum Ausdruck, die alljährlich im Sommer ein internationales Publikum anlocken. Zur Einstimmung bietet die Festung Hohensalzburg einen eindrucksvollen Panoramablick auf die schön gelegene, liebenswürdige Stadt.

66 Freizeit-Tipps

Das Salzkammergut, eine seenreiche Voralpen- und Alpenlandschaft, erstreckt sich von Salzburg bis zum Dachstein im Süden und zum Almtal im Osten. Die schroffen Gegensätze zwischen den weiten Wasserflächen der über vierzig Seen und den markanten Gipfeln der umliegenden Berge gehören zu den großartigsten Eindrücken dieser Landschaft. Als Glanzpunkte gelten der Wolfgangsee mit dem aussichtsreichen Schafberg, der mit einer fauchenden Dampflok erreicht wird, oder der Mondsee, an dessen Ufern Pfahlbauten aus der jüngeren Steinzeit gefunden wurden. Atter- und Traunsee locken mit wunderschönen Schlössern in großartiger Natur. Sportlich und abwechslungsreich geht es in Obertraun zu – wenn bunte Paragleiter in luftiger Höhe den Boden unter den Füßen verlieren.

Kultureller Mittelpunkt des Steirischen Salzkammergutes ist Bad Aussee. Nordöstlich davon liegt am Fuß des Toten Gebirges der malerische Grundlsee. Reizvoll präsentiert sich auch der Altausseer See. Auf seiner 'Via Artis' begegnet man einigen bedeutenden Künstlern, die im Altausseer Land ihre Sommerfrische verbrachten. Und in Bad Ischl weilten Kaiser Franz Joseph I. und seine Gattin Elisabeth ('Sisi') viele Sommer in der Kaiservilla. Die reizvolle Stadt wurde so zum Treffpunkt der eleganten Welt.
Berg- und Wanderfreunde finden hier ein ausgedehntes Wegenetz. Die Seen des Salzkammergutes besitzen neben einer guten Wasserqualität auch gepflegte Strandbäder. Kein Wunder, dass in diesem 'Paradies' so gut wie alle Sportarten angeboten werden.

Salzburg | Stolzes Wahrzeichen

Hohensalzburg
tgl. März-Juni 9-18 Uhr, Juli-Sept. 8.30-20 Uhr, Okt.-Feb. 9-17 Uhr

1 120 m über der Salzach thront malerisch die Hohensalzburg. Die einstige Zwingfeste und Residenz der Salzburger Erzbischöfe, 1077 gegründet, erhielt ihre heutige Gestalt größtenteils um 1500 durch Leonhard von Keutschach, dessen Wappensteinen – das sind die mit der Rübe – Sie überall begegnen. Später wurde die Burg zur Festung ausgebaut – und niemals eingenommen. Sie erreichen die Hohensalzburg vom Kapitelplatz durch die Festungsgasse bzw. vom Mönchsberg durch das Schartentor in 20 Minuten zu Fuß oder in wenigen Minuten mit der Standseilbahn. Mit einer Führung stehen Ihnen das Rainer- und das Burgmuseum, alte Wehrgänge, Kasematten und historische Räume offen.

Salzburg | Auf den Spuren Mozarts

Mozarts Geburtshaus
Getreidegasse 9, tgl. 9-17.30 Uhr, Juli/Aug. 9-18.30 Uhr
Mozarts Wohnhaus
Marktplatz, tgl. 9-18 Uhr, Juli/Aug. 9-19 Uhr
Mozarteum
Schwarzstr. 26

2 Salzburg ist die Stadt dieses einzigartigen Genies. Was liegt also näher, als sich hier auf Spurensuche zu begeben? Ihr Rundgang beginnt in der Getreidegasse 9. Hier wurde Wolfgang Amadeus Mozart am 27. Januar 1756 geboren. Die ehemaligen Wohnräume der Familie Mozart im dritten Stock sind heute als Museum eingerichtet und ganzjährig geöffnet. Gezeigt werden Ihnen hier Gegenstände aus Mozarts Leben und Schaffen, darunter seine Kindergeige, ein Klavichord von 1760, ein im Jahre 1780 gefertigtes Hammerklavier, Bildnisse und Noten. Am Marktplatz steht Mozarts Wohnhaus, in dem er seit 1773 lebte. Hier erfahren Sie u.a. Interessantes über die Familie Mozart, über das Leben und die Reisen des jungen Genies.

Zu guter Letzt bietet das Mozarteum mit dem Zauberflötenhäuschen im Garten etwas ganz Besonderes: In dieser Idylle schuf Mozart 1791 seine `Zauberflöte`.

Salzburg | Steinerne Zwerglparade

3 Der Mirabellgarten gilt als ein gelungenes Beispiel barocker Gartenbaukunst, wahrscheinlich von J. B. Fischer von Erlach um 1690 mit Terrassen, Marmorstatuen und Springbrunnen angelegt. Das einstige Vogelhaus, das um 1700 entstand, dient nun als Ausstellungspavillon; in der Südwestecke befindet sich ein Naturtheater. Im Nordwesten der Gartenanlage stoßen Sie auf eine Rarität – den Zwerglgarten. Er wurde nach den fünfzehn 1,20 m bis 1,40 m hohen Steinfiguren benannt, die die Wege säumen. Hier begrüßt Sie ein Ballspieler, sein linkes Auge zukneifend. Dort fügt sich eine Bäuerin in den Zwergenreigen ein wie auch die bucklige Obstlerin, der Lahme oder der Harlekin. Viele Rätsel umwittern die steinernen Wichte, vor allem aber eines: Wen stellen sie tatsächlich dar? Schreiten Sie diese Zwerglparade ab, vielleicht kommen Sie ja dem Geheimnis auf die Spur ...

Mirabellgarten
Schloss Mirabell
6 Uhr bis Einbruch der Dunkelheit

Salzburg | Erinnerungen an die Kindheit

4 Jeden Mittwochnachmittag wird es ganz still im Spielzeugmuseum in der Bürgerspitalgasse. Kinder und Junggebliebene versammeln sich und warten gespannt darauf, dass sich der Vorhang des großen Kasperltheaters hebt. Auch außerhalb dieser Zeit lohnt sich der Besuch der Sammlung Folk, die als eine der größten österreichischen Privatsammlungen gilt. Das Ehepaar Folk legte den Grundstock für das heutige Museum mit wunderschönem alten Spielzeug und einer umfangreichen Kollektion spielbarer Papiertheater. Treten Sie ein in diese Wunderwelt: Auf 800 qm ausgebreitet, sehen Sie Spielzeug aus Holz, Blech und Ton, Papiertheater, Puppenhäuser und Puppen aller Art, viele Plüschtiere – insbesondere die geliebten Teddybären –, alte und neue Eisenbahnen, Zinnfiguren, aber auch schönes außereuropäisches Spielzeug.

Spielzeugmuseum
Bürgerspitalgasse 2, Di.-So. 9-17 Uhr

Salzburg | Amüsante Wasserspiele

Lustschloss Hellbrunn
Hellbrunner Allee, April-Okt. tgl. 9-16 Uhr, Mai/Juni/Sept. 9-17.30 Uhr, Juli/Aug. Schloss bis 18 Uhr und Wasserspiele bis 22 Uhr

5 Südlich von Salzburg liegt das 1615 im Stil des Frühbarock erbaute Lustschloss Hellbrunn. Hier konnten die Fürstbischöfe, die nur in den Sommermonaten die Hohensalzburg verließen, ihrer Jagdleidenschaft nachgehen – und ihre Gäste großzügig bewirten. Dazu ließen sie sich in der barock gestalteten Gartenanlage einiges einfallen: Statuen, Grotten, das 'Mechanische Theater' und allerlei spaßige Wasserspiele bieten auch heute noch ein abwechslungsreiches Ensemble. Das 'Mechanische Theater' z. B. präsentiert eine reizvolle Darstellung vom Leben und Treiben einer Kleinstadt in der Barockzeit. Um den Arbeitslärm der Handwerker zu übertönen, spielt eine Wasserorgel einen Choral.

Salzburg | Erlebniswelt Tiergarten

Tiergarten Hellbrunn
tgl. ab 8.30 Uhr, im Winter bis 16.30 Uhr, März-Mai und Sept.+Okt. bis 17.30 Uhr, Juni-Aug. bis 18.30 Uhr

6 Aus einem bereits 1424 angelegten erzbischöflichen Wildpark ist der heute international beachtete Zoo von Salzburg entstanden. Der Tiergarten Hellbrunn wurde 1990 nach dem Prinzip des Geo-Parks umgestaltet, d. h. Gehege wurden nach landschaftlichen und klimatischen Bedingungen geschaffen – eingeteilt nach den Gehegezonen Australien, Eurasien, Südamerika und Afrika mit den jeweils spezifischen Tierarten aus Savanne, Steppe und Tundra, Gebirge und Feuchtgebieten, Urwald und Wüste. Hier finden Sie Emu, Hühnergans und Känguru, Alpaka, Guanako und Nasenbär, Braunbär, Schneeleopard und Vielfraß, Breitmaulnashorn, Löwe und Pinselohrschwein in friedlicher und ungestörter 'Nachbarschaft' – eine beeindruckende Tierwelt. Beliebter Treffpunkt für die kleinen Gäste ist der Streichelzoo: Hier dürfen die niedlichen Bewohner liebkost werden.

Großgmain | Zeugen aus vier Jahrhunderten

7 Mitten im Naturpark Untersberg erwartet Sie ein ganz besonderes Museum: Historisch wertvolle Bauernhöfe, verbunden mit interessanten Anlagen des bäuerlichen Wirtschaftslebens, bilden das sehenswerte Salzburger Freilichtmuseum. Lassen Sie sich hier in die Vergangenheit entführen. Alle Häuser wurden mit Hausrat, Arbeitsgerät und Fahrzeugen detailgetreu ausgestattet. An Wochenenden demonstrieren Klöpplerinnen und Korbflechter sehr eindrucksvoll ihre traditionelle Handwerkskunst. Das älteste Gebäude steht bei den Höfen des Flachgaus: Das Rauchhaus aus Helming, Gemeinde Köstendorf, stammt aus dem 16. Jahrhundert. Im Mesnerhaus aus Bergheim wurde bis 1890 Unterricht abgehalten. Zur Erinnerung daran richtete man in den niedrigen Räumen wieder eine Schulklasse ein. Staunen Sie bei Ihrem Rundgang über die Vielfalt der jahrhundertealten bäuerlichen Kultur.

Salzburger Freilichtmuseum
Hasenweg, April-Okt. Di.-So. 9-18 Uhr, 26. Dez.-6. Jan. 10-16 Uhr

Hallein | Einzigartige Exponate

8 Ein einstiges Pfleghaus aus dem 17. Jahrhundert bildet den würdigen Rahmen für eines der bedeutendsten Museen für keltische Kultur. Im Sommerhalbjahr sind einzigartige Funde aus der Hallstatt- und der La-Tène-Zeit (800 – 15 v. Chr.) zu sehen. Sie stammen von prähistorischen Gräbern am Dürrnberg und sind jeweils mit den neuesten Ausgrabungsergebnissen versehen. Betrachten Sie die schön geformten Schmuckstücke und Gürtelschnallen, das Geschirr und – die unvermeidlichen Waffen. Diese chausammlung gewährt einen umfassenden Einblick in das älteste eigenständige Kulturschaffen Mitteleuropas.
Das Keltenmuseum bietet darüber hinaus noch eine weitere Attraktion: Hier zeigt man Ihnen in einem spannungsreichen Bogen die Entstehung der Stadt Hallein und die mit der Stadt eng verknüpfte Entwicklung des Salzwesens – über Jahrhunderte hinweg. Denn das so genannte 'weiße Gold' verhalf Hallein einstmals zu Reichtum und Ansehen.

Keltenmuseum
Pflegerplatz 5, April-Okt. tgl. 9-17 Uhr

Dürrnberg |
Faszinierende Einblicke

Keltendorf Dürrnberg,
April-Okt. tgl. 9-17 Uhr, Nov.-März tgl. 11-15 Uhr

9 Die Freilichtschau auf dem Dürrnberg erreichen Sie am besten mit der Salzbergbahn. So genießen Sie während der Fahrt in bequemen Viererkabinen die großartige Aussicht auf Hallein. Oben angekommen, fasziniert die Rekonstruktion eines keltischen Wirtschaftshofes und Fürstengrabes – wichtige Ergänzung zu den archäologischen Ausstellungsgegenständen im Keltenmuseum. Das Wohngebäude, in Blockwandbauweise ausgeführt und mit Schilfrohr gedeckt, war in zwei Räume unterteilt. Die Einrichtung entstand nach Vorlagen von Siedlungsfunden und Bildfriesen auf Bronzegefäßen. Der Fürstengrabhügel ist im Innern begehbar. Mitte des 5. Jahrhunderts v. Chr. wurde hier ein 20 bis 30 Jahre alter vornehmer Krieger in einer quadratischen Holzkammer bestattet – auf einem Streitwagen liegend, die 'Fürsten' vorbehalten waren. Der vornehme Krieger trug u.a. Gold- und Bronzeschmuck.

Dürrnberg |
Rutsch in die Unterwelt

Dürrnberger Salzbergwerk
tgl. 9-17 Uhr

10 Das Dürrnberger Salzbergwerk zählt zu den ältesten Bergwerken der Welt. Bereits 1000 v. Chr. wurde hier Salz abgebaut! Mit dem Grubenhunt und in Grubenkleidung geht es zur gut einstündigen Führung ins Berginnere. Die beiden Bergwerksrutschen – 26 und 46 m lang – dürfen sie benutzen. Eine herrliche Gaudi! Danach erfahren Sie, wie ein Salzbergwerk entsteht und welche Arbeitsmethoden in den vergangenen Jahrhunderten angewendet wurden. Sehenswert ist auch die Präsentation der schillernden Salzkristalle. Mehr erfahren Sie dann am unterirdischen Salzsee. Die Felsendecke, die sich im klaren Wasser spiegelt, lässt ein recht tiefes Gewässer vermuten – tatsächlich ist der See nur rund 30 cm tief. Im Gänsemarsch geht es durch tiefe Stollen zur Rolltreppe, die hinauf zum Bahnhof führt. Hier wartet der Grubenhunt, der Sie wieder ans helle Tageslicht befördert.

Golling | Spritztour

11 Wasser in seinem Element – das zeigt Ihnen der Gollinger Wasserfall. Vom Torrener Hof bei St. Nikolaus gelangen sie direkt zum Fall, und bereits auf dem Weg dorthin hören Sie ihn mächtig rauschen. Aus 75 m Höhe stürzen die schäumenden Wassermassen in zwei Stufen hinab. Die reiche Quelle bricht aus dem Kalkfelsen des Kleinen Göll. Das Wasser stammt von Niederschlägen und Schmelzwasser in den Klüften des Kalkgebirges. Seit 1805 führt ein gesicherter Steig bis zum Ursprung des Falls. Von dort können Sie am besten beobachten, wie das Wasser durch den Kamin in die Tiefe fällt und unten einen grün schillernden See bildet. Auf einer malerischen Holzbrücke gelangen Sie über den oberen Teil des Wasserfalls – ein traumhaftes Fotomotiv!

Gollinger Wasserfall
Golling,
Ortsteil Torren,
Mai-Okt.

Scheffau | Wildromantisches Naturdenkmal

12 An der Lammertalstraße in Scheffau erwartet Sie ein Naturdenkmal besonderer Art: die Lammeröfen. Die Lammer fließt zuerst in einem breiten Bett dahin, wird dann plötzlich von Felsen eingezwängt und durchbricht auf einer klammartigen Engstrecke den Vorderen Strubberg. Machen Sie sich auf den Weg: Auf einer gut ausgebauten Steganlage steigen Sie in die Klamm hinunter. Keine zwanzig Meter unter Ihnen tobt und tost die Lammer zwischen eng stehenden Felsen vorbei. Auf Ihrem Weg über Steige und Brücken werden Sie ab und zu den Eindruck gewinnen, die Felsvorsprünge würden sich oben berühren und das helle Tageslicht abschirmen. Dieser Eindruck wird durch das Tosen und Gischten des Wassers wirkungsvoll verstärkt. Können Sie sich vorstellen, dass wagemutige Sportler in Kajaks und Schlauchbooten mit Begeisterung durch die wildromantische Klamm fahren?

Lämmeröfen in Scheffau
Mai-Okt.

Werfen | Märchenhafte Eiswelt

Eisriesenwelt Werfen,
Seilbahnbetrieb und Höhlenführung Mai-Okt. 9-15.30 Uhr, (letzte Führung) bzw. Juli/Aug. 16.30 Uhr

13 Diese Eisriesenwelt zählt mit 30 000 qm Fläche zu den größten aller bekannten Eishöhlen. Sie wurde in der Tertiärzeit durch einen unterirdischen Fluss geschaffen. Obwohl sie bereits im Jahre 1879 entdeckt wurde, hat man sie erst ab 1912 erschlossen. Für die gut einstündige Führung benötigen Sie warme Kleidung und festes Schuhwerk. Den 1664 m hoch gelegenen Höhleneingang erreichen Sie über die rund 6 km lange Bergstraße, dann folgt eine kurze Fahrt mit der Seilbahn. Im Winter verursachen Temperaturen unter null Grad, dass das eintropfende Wasser gefriert und Gebilde aus Eis von märchenhafter und andauernder Schönheit aufbaut. Lassen Sie sich beeindrucken von der Größe der 'Posselt'- und der 'Hymir-Halle', dem 'Mörk-Dom' und dem 'Eispalast': Faszination Eis!

Werfen | Feste mit Vergangenheit

Festung Hohenwerfen
April + Okt. Di.-So. 9-16.30 Uhr, Mai, Juni, Sept. bis 17 Uhr, Juli + Aug. bis 18 Uhr

14 Im Salzachtal thront weithin sichtbar auf einem bewaldeten Felsen die Festung Hohenwerfen. 1077 errichtet und mehrfach ausgebaut, diente sie den erzbischöflichen Besitzern als militärische Zuflucht und zeitweise als Wohn- und Jagdsitz. Immer wieder schmachteten in den Gemäuern auch Gefangene, darunter so bekannte wie Graf Albert von Tirol im Jahre 1253. Heute empfängt die Burg Sie freundlich: Burgfalknerei und Geierwarte sowie das Österreichische Falknereimuseum gelten als Attraktion auf Hohenwerfen. Sehenswert sind auch die wehrhaften Anlagen, die uralte Schlossglocke und die romantischen Fresken der Kapelle. Beenden Sie Ihren Ausflug durch die Festung stilvoll – in der Burgschänke.

Pfarrwerfen | Sieben Mühlen

15 Das Wahrzeichen von Pfarrwerfen sind sieben Mühlen, von denen noch sechs am Hang des Aberges erhalten sind. Bis in die Mitte des vergangenen Jahrhunderts waren die Mühlen in Betrieb, trieb der Mühlbach die schweren Mühlräder an. Hier wurde das Korn für Pfarrwerfen und die nähere Umgebung gemahlen. Die Mühlen, um 1870 ins Grundbuch eingetragen, verfielen nach der Stilllegung zusehends, bis man sie eines Tages unter Denkmalschutz stellte und mit der Restaurierung begann. Heute ist die vierte Mühle wieder in Betrieb. Hoch im Kurs steht bei den Besuchern die Mühlenralley, bei der diverse Fragen zu den Mühlen beantwortet werden müssen. Gleich zu Beginn formt man aus dem Teig der Bäckerei sein Brot, das man am Ende der Ralley frisch gebacken abholen und mitnehmen kann. Das "Pfarrwerfener Mühlenbrot" ist schließlich in aller Munde.

7 Mühlen
Mai-Okt.
tgl. 8-19 Uhr,
Mahlvorführung
Fr. 15-18 Uhr

Saalfelden | Sehenswerte Schlossschätze

16 Im Süden des Ortes erhebt sich – schön an einem kleinen See gelegen – Schloss Ritzen. Vom ursprünglichen Gebäude sind nur noch der 1593 erbaute Nebentrakt und Reste der mittelalterlichen Wehranlage erhalten. Nach mehrmaligem Besitzerwechsel wurde es 1604 von den Herren Ritz erworben und trägt seither deren Namen. Ab 1820 war es dann in bäuerlichem Besitz. 1964 entstand unter Leitung des Museumsvereins das sehenswerte Heimatmuseum, das Sie im Sommer einlädt, den einen oder anderen Schatz zu bewundern: u. a. eine der größten Krippensammlungen Österreichs. Auch die Mineralienausstellung, die Votivtafelsammlung und keltische Ausgrabungsfunde verdienen Ihre Beachtung. Wohltuende Behaglichkeit vermitteln die uralte Rauchkuchl sowie die vertäfelte Pinzgauer Wohnstube aus dem Jahre 1700.

Schloss Ritzen
Juni-Sept.
Mo.-Fr. 10-12,
14-17 Uhr,
Sa. u. So. 14-17 Uhr

Zell am See |
Skifahren, Reiten oder Surfen?

17 Zwischen den Gipfeln des mittleren Pinzgaus erstreckt sich der rund 4 km lange, 1,5 km breite, bis zu 69 m tiefe und im Sommer bis zu 20 °C warme Zeller See – ein Dorado für Sportler: Hier können Sie an 365 Tagen im Jahr über 30 Sportarten betreiben. Vielleicht wedeln sie morgens über den sonnigen Gletscher am Kitzsteinhorn und kühlen sich nachmittags im klaren Wasser des Zeller Sees ab.

Das Glück dieser Erde finden Sie auf dem Rücken eines Pferdes ebenso wie beim Freeclimbing. Auf der 27-Loch-Golfanlage können Sie Ihr Handicap verbessern und auf dem Tennisplatz Ihre Rückhand testen. Und mit Wasserski, Segelboot oder Surfbrett geht es hinaus auf den schönen See.

St. Johann/Pongau |
Wundervolles Naturschauspiel

Liechtensteinklamm
Mai-Okt. 8-17 Uhr

18 Fünf Kilometer südlich von St. Johann erwartet Sie eine der großartigsten Felsschluchten der Alpen: die romantische Liechtensteinklamm, bereits 1875 durch eine Spende des Fürsten von Liechtenstein ausgebaut. Gehen Sie möglichst morgens hin – zu dieser Zeit haben Sie das beste Licht. Ihr Weg, streckenweise in den Fels gesprengt, führt aufwärts zu einem von 300 Meter hohen Felswänden umschlossenen Kessel. Weiter geht es durch oft nur zwei bis vier Meter breite Passagen, über denen der Himmel gerade als schmaler Streifen sichtbar ist. Nach dem Tunnel erreichen Sie am Ausgang der Schlucht das 'Herzstück' der Klamm, den rund 60 m hohen Wasserfall. Wild tosende Wassermassen, moosbewachsene Steine und die einfallenden Sonnenstrahlen, die im feinen Wasserstaub einen Regenbogen erzeugen, faszinieren als wundervolles Naturschauspiel immer wieder aufs Neue.

Radstadt | Die Idylle hat Tradition

19 Bereits die alten Römer hinterließen hier aufgrund der geografischen Sonderstellung und der Nähe zum Tauernpass deutliche Spuren. In Schloss Lerchen erfahren Sie mehr über die Kelten- und Römerzeit und über die Geschichte der mehr als 700 Jahre alten Stadt. Der mittelalterliche Stadtkern ist heute noch z. T. von Mauern und Türmen umgeben. Radstadt wurde im Bauernkrieg 1525 von Aufständischen erfolglos belagert. Als Strafe wurden die Bauern dazu verurteilt, auf eigene Kosten wuchtige Rundtürme zu bauen. Einer davon, der romantisch anzusehende Teichturm, steht am ehemaligen Stadtgraben. Hier beginnt der so genannte Millenniumspfad, der auf 33 Tafeln die Geschichte der Stadt erzählt. Am anderen Stadtende lohnt der Kapuzinerturm einen Besuch – der Dachstuhl, ein Meisterwerk der Zimmermannskunst von 1534, ist noch gut erhalten. Im Turm ist auch die Abteilung Brauchtum des Heimatmuseums untergebracht.

Heimatmuseum Schloss Lerchen
Juni-Okt. Mo.-Mi. 10-12 u. 15-17 Uhr, Do.-So. 10-17 Uhr,
Kapuzinerturm
April-Okt. tgl. 9.30-11.30, 14-16 Uhr

Straßwalchen | Spiel, Spaß und Spannung

20 Spiel, Spaß und Spannung sind garantiert im großen Erlebnispark Straßwalchen. Besuchen Sie die Zwergenstadt Pilzhausen, entweder zu Fuß oder mit dem märchenhaften Schwanenboot. Für die Westernstadt bietet sich zünftig die Westerneisenbahn an. Und durch den Urwald fahren Sie naturgemäß per Floß, vorbei am Elefantenfelsen und an der Löwenhöhle. Wer die raue See liebt (und auch verträgt!), kann sich dem Piratenschaukelschiff anvertrauen. Schwungvolles Vergnügen bieten die Riesenwellenrutsche und die große Trampolin-Anlage. Kleine Besucher werden von einer Wurlifahrt begeistert sein. Waren Sie schon einmal im 3-D-Kino? Nein? Dann werfen Sie doch hier einmal einen Blick auf Ali Baba im Orientalischen Palast, hautnah und mittendrin. Und seit Sommer 2004 kommt Groß und Klein mit dem WildTrain – der neuesten Parkattraktion – auf Touren.

Erlebnispark Straßwalchen
Märchenweg 1, April-Okt. tgl. 10-18 Uhr,

Hof bei Salzburg | Gepflegtes Ambiente

21 Von Wäldern umgeben, dunkel und kühl empfängt Sie der Fuschlsee. Die Ufer des rund 4 km langen und ca. 900 m breiten Sees stehen unter Naturschutz. Für den westlichen Abschnitt sollten Sie sich ein bisschen Zeit nehmen: Nahe der Straße erwartet Sie der Jagdhof Fuschl, ein früheres Bauernhaus aus dem 17. Jahrhundert. Hier kann man sich nobel einquartieren, im Wellness-Bereich mit Hallenbad und Sauna verwöhnen lassen oder in der Erlebnisdusche den Alltag vergessen.

Direkt unterhalb vom Jagdhof Fuschl sehen Sie das malerisch auf einer Halbinsel im See gelegene Schlösschen Fuschl. Das ehemalige erzbischöfliche Jagdschloss beherbergt heute ein Hotel für höchste Ansprüche. Die Zeiten ändern sich (kaum).

Mondsee | Zeugen der Vergangenheit

Pfahlbaumuseum mit Heimatmuseum
Mai-Okt.
10-18 Uhr

22 Der Ort Mondsee liegt auf uraltem Siedlungsboden. Wegen der zahlreichen Pfahlbaufunde aus der Jungsteinzeit, ca. 2500 bis 1800 v. Chr., erhielt diese Pfahlbaukultur den Namen 'Mondsee-Kultur'. Das Österreichische Pfahlbaumuseum im ehemaligen Kloster Mondsee macht Sie mit den Forschungsergebnissen über diese Kultur vertraut. Die reichhaltige Sammlung von Schmuck, Keramiken und Hausgeräten dokumentiert anschaulich die so ferne Epoche. Über eine jüngere Zeit informiert das Freilichtmuseum 'Mondseer Rauchhaus', nämlich wie die Bauern noch vor wenigen Jahrzehnten lebten. Damals zog der Rauch des Herdfeuers durch die Räume, wärmte Mensch und Tier und räucherte Wurst und Schinken.

Mondsee | Paradies für Wassersportler

23 Im Nordwestteil des Mondsees herrschen mittelmäßige Windverhältnisse, im südlichen Teil weht bei schönem Wetter ein recht guter Wind mit Stärken zwischen drei und fünf. Was liegt also für Surfer und Segler näher, als diese fast idealen Bedingungen zu nutzen? Eine der größten Segel- und Surfschulen hilft dabei: rund 120 Segelboote und 200 Surfbretter stehen dort zur Verfügung. Der Mondsee, rund 12 km lang und ca. 2 km breit, gehört zu den wärmsten Gewässern des Salzkammergutes. Seine Wassertemperatur kann schon mal auf 26 °C steigen – ideal zum Baden. Darüber hinaus laden Tret-, Ruder- oder Elektroboote alle Freizeitkapitäne zum Wassersport ein. Dieser See ist auch ein Geheimtipp für Taucher!

Schörfling | Das Schloss im See

24 Der Attersee ist der einzige Salzkammergutsee, der nie zufriert. Außerdem ist er einer der saubersten und größten österreichischen Seen. Taucher, Surfer und Segler finden hier geradezu ideales Revier. Rund um den blaugrünen Attersee schlängelt sich die Straße: Vom westlichen Ufer aus bietet sich ein eindrucksvolles Bild auf das Höllengebirge. Ebenso schön ist die Aussicht vom Parkplatz zwischen Attersee und Buchberg. Dieser See lohnt die Betrachtung aus verschiedenen Perspektiven.

Am Ostufer liegt auf einer vorspringenden Landzunge Schloss Kammer. Aus dem 17. Jahrhundert stammt der Hauptbau, die Seitenflügel sind 100 Jahre jünger. Über dem Eingang zur Schlosskapelle grüßt Sie das Wappen der Khevenhüller. Das Schloss ist in Privatbesitz und öffnet nur im Juli und August seine Pforten – für die Liebhaber klassischer Konzerte.

St. Gilgen |
Die Mozarts und St. Gilgen

25 In der Ischler Straße 15 wurde im Dezember 1720 Anna Pertl geboren, Mozarts Mutter. Ihr Vater, als Jurist recht erfolgreich, wurde 1716 nach St. Gilgen berufen und baute 1720 das heutige Bezirksgericht. 1724 starb er, die Familie zog nach Salzburg. Dort heiratete Anna Pertl 1747 den aus Augsburg stammenden Kapellmeister Leopold Mozart. Von den sieben Kindern überlebten nur zwei, Nannerl und Wolfgang Amadeus. Beide waren Wunderkinder – der Name Mozart hatte in der musikalischen Welt einen guten Klang. Nannerl Mozart, eine hoch begabte Pianistin, heiratete 1784 einen Amtsnachfolger ihres Großvaters und lebte mit ihm bis 1801 im Geburtshaus ihrer Mutter. Das Wappen erinnert an die beiden so wichtigen Frauen im Leben Mozarts.

Strobl |
Rutschiges Vergnügen

26 Im Strobler Ortsteil Gschwendt lädt Sie im Sommerhalbjahr täglich eine Riesen-Sommerrodelbahn zu Spaß und Nervenkitzel ein. Probieren Sie dieses Vergnügen einfach mal aus. In Gschwendt sitzen Sie bergwärts bereits im Rodel. Genießen Sie auf Ihrem Weg nach oben den reizvollen Blick auf den Wolfgangsee – denn bergab ist Konzentration angesagt. Das Tempo Ihrer Talfahrt bestimmen Sie selber: Sie können nach Wunsch beschleunigen oder bremsen. Eine Gaudi ist es allemal, die einzelnen Kurven auf 1300 Metern elegant zu nehmen.

Sommerrodelbahn
Mai-Okt.
tgl. 10-18 Uhr

Der Name Strobl geht auf das 14. Jahrhundert zurück und bedeutete ursprünglich 'Struppiger Mann'. Darauf deutet auch das Wappen der Gemeinde Strobl hin. Mehr über die Vergangenheit erfahren Sie im gut 500 Jahre alten Aberseer Heimat- oder 'Lipphaus'. Wussten Sie beispielsweise, dass der viel besungene Wolfgangsee früher Abersee genannt wurde?

St. Wolfgang | Mit dem Dampfross zum Seenblick

27 Von St. Wolfgang aus verkehrt von Mai bis Oktober eine schmalspurige Zahnradbahn auf den 1783 m hohen Schafberg. Auf der beschaulichen einstündigen Fahrt überwinden Sie genau 1188 Höhenmeter. Laut zischend und schnaufend stampft die Bahn zur Schafbergalpe in 1363 m Höhe. Wenn Sie wollen, können Sie schon hier am Alpengasthaus aus- und zusteigen oder gleich bis zur Endstation, in der Nähe des Berghotels Schafbergspitze, weiterbummeln. Dort erwartet Sie eine atemberaubende Aussicht: Unten glitzert in allen Blautönen das Seentrio Wolfgang-, Mond- und Attersee, denn der Schafberg liegt genau dazwischen. Sehen Sie sich in Ruhe satt, bevor es wieder heißt: "Einsteigen, bitte!"

St. Wolfgang | Wassersport in jeder Form

28 Der Wolfgangsee ist wohl der bekannteste See des Salzkammerguts. Wassersport wird hier groß geschrieben: Ob unterm, im oder auf dem Wasser – weder fehlen die klassischen Wassersportarten wie Surfen, Segeln oder Wasserskifahren noch die weniger bekannten wie Paddleskiing, Parasailing oder Tubriding. Auch Tauchfreunde können hier ihrem nassen Vergnügen frönen.

Wenn Sie das Ganze von oben betrachten wollen: Vom Heißluftballon aus sind die Aussichten prachtvoll und grandios. Einige dieser bunten Ballone sind in St. Wolfgang stationiert. Falls es die Thermik erlaubt und Sie mutig sind, können Sie mit einem dieser bunten Ballone in die Luft gehen. Ein unvergessliches Erlebnis!

Bad Ischl | Kaiserliches Erbe

Kaiservilla
April-Okt.
tgl. 9.30-17 Uhr

29 Im Jahre 1823 trafen die ersten Kurgäste in Bad Ischl ein, vermögend und prominent. Das kleine Heilbad wurde schnell bekannt. Bereits zwei Jahre später weilte Kaiser Franz I. mit einer illustren Gästeschar im Kurort. Schon damals verband man Kur und Kultur: Die hohen Gäste trafen sich im Theater oder beim Kurkonzert und zogen viele Künstler an. So ließen sich auch Franz Lehár und Richard Tauber in dieser einladenden Sommerfrische nieder. Nachdem Kaiser Franz Joseph I. im Jahre 1848 den österreichischen Thron bestieg, erkor er Bad Ischl zu seiner Sommerresidenz, führte politische Gespräche und erholte sich bei seiner geliebten Jagd.

Von der Kaisermutter erhielten Franz Joseph I und seine Gattin Elisabeth ('Sisi') als Hochzeitsgeschenk die schöne Kaiservilla. Dieses malerische Gebäude am Nordufer der Ischl besitzt auch einen schönen Park. Spazieren Sie dort unter uralten Bäumen und entdecken Sie u.a. das für die Kaiserin Elisabeth gebaute Marmorschlössl.

Bad Ischl | Franz Lehár zum Gedenken

Lehár-Villa
Lehárkai 8,
Mai-Sept.
tgl. 10-17 Uhr

30 Jenseits der Traun steht die Villa von Franz Lehár. Der Komponist wohnte in diesem Gebäude von 1912 bis zu seinem Tod im Jahre 1948. Franz Lehár war durch seinen Vater, einen Militärkapellmeister, musikalisch `vorbelastet´. Die Begabung des Sohnes zeigte sich schon frühzeitig im Klavierspiel; bereits als Elfjähriger komponierte er sein erstes Lied. Den Durchbruch schaffte er 1905 mit der Operette `Die lustige Witwe`. Dieses Werk wurde ein Welterfolg und öffnete ihm den Zugang zur "höheren Gesellschaft". Weitere Operetten wie `Der Graf von Luxemburg´, `Zigeunerliebe´ oder `Das ´Land des Lächelns` folgten und brachten ihm Ruhm und Anerkennung. Er eroberte mit seinen melancholischen Melodien und einfachen Tanzweisen die Herzen seiner zahlreicher Zuhörer. Franz Lehár, der in Bad

Ischl "immer seine besten Ideen hatte", vermachte seine Villa der Stadt mit der Auflage, in diesem Gebäude ein Franz-Lehár-Museum einzurichten. Seinem Wunsch kam man – im Interesse der vielen Sommergäste – gerne nach: Man kümmerte sich liebevoll um das kulturelle Erbe, selbst die Räume wurden so belassen, wie Lehár sie eingerichtet hatte. Sehen Sie selbst, wo und wie der große Meister der leichten Muse lebte und wirkte.

Bad Goisern | "Aller guten Dinge sind drei ..."

31 Der Kurort Bad Goisern präsentiert seine Schätze aus der Vergangenheit gleich dreimal: im Heimat-, im Holzknecht- und im Freilichtmuseum Anzenmühle. Beginnen Sie Ihren musealen Rundgang im Heimatmuseum. Als Schwerpunkte gelten in dieser Sammlung die Volkskultur und das heimatliche Handwerk. So sehen Sie beispielsweise im dritten Raum die Werkstatt eines Schuhmachers. Daneben erinnert die Konrad-Deubler-Sammlung an den Goiserner 'Bauern-Philosophen', der wegen seiner liberalen Gesinnung 1862 nach Iglau verbannt wurde. Im Müllnerwäldchen entdecken Sie eine Salzkammergut-Holzknechtstube mit altem Gerät und Werkzeug. Hier lebten die Holzknechte während einer langen Arbeitswoche – getrennt von ihren Familien. An der offenen Feuerstelle kochte jeder für sich seine karge Mahlzeit. Zu guter Letzt erwartet Sie die Anzenmühle. Wussten Sie, dass die Rauchküche dieser alten Mühle bis 1964 in Betrieb war? Treten Sie ein und lassen Sie sich überraschen!

Heimatmuseum
Juni-Sept.
tgl. 9.30-11.30 Uhr
Holzknechtmuseum
Müllnerwäldchen,
Juni-Sept.
tgl. 9.30-11.30 Uhr
Freilichtmuseum Anzenmühle
Mai-Sept. Di., Do.,
Sa. 9-12 Uhr

Gosau/Dachstein | Geologische Raritäten

32 In der Steinschleiferei Gapp sind Sie das ganze Jahr über herzlich willkommen – wenn Sie an prachtvollen Mineralien und Fossilien interessiert sind. Eine umfangreiche Sammlung zeigt bis zu 400 Mio. Jahre alte Versteinerungen, die teilweise aus der nächsten Umgebung Gosaus stammen. Ergänzt wird die Ausstellung durch Exponate anderer Fundorte. Hier entdecken Sie so gut wie alle Fossilien und Mineralien, die auf der Welt vorkommen. Beachten Sie dabei die Hinweise auf Alter und Tierart der jeweiligen Versteinerung – und vergessen Sie nicht, sich im Souvenir-Shop umzusehen. Wie wäre es mit einem Briefbeschwerer aus Dachsteinmarmor? Gosau ist auch ein Geheimtipp für Amateurgeologen und Sammler, die ihre Funde der Steinschleiferei Gapp präsentieren. Dort werden sie aufgeschnitten und – falls sich eine Versteinerung zeigen sollte – poliert.

Steinschleiferei Gapp
Gosau 457,
Mo.-Sa.
8-12, 14-18 Uhr

Gosau/Dachstein | Wanderung von See zu See

33 Im Gosautal finden Sie eine ganze Reihe geruhsamer Spazierwege, die Sie, je nach Lust und Laune, zu kleinen Wanderungen verbinden können. So führt beispielsweise vom Café Gosauschmied ein romantischer Waldweg bis zum Vorderen Gosausee. Am Nordufer wandern Sie auf einer Forststraße, am Südufer auf schmalen Waldwegen zurück. Auf Ihrem Seerundgang sehen Sie, wie sich die Gipfelkette des Gosaukammes im Wasser spiegelt – oft klarer als die Berge selbst. Wenn Sie die Wanderung Richtung Dachstein fortsetzen, erreichen Sie zunächst die Gosaulacke, auch Brandsee genannt, und im großartigen Talschluss das Ziel Ihres Ausflugs, den Hinteren Gosausee. Malerisch liegt er vor Ihnen ausgebreitet. Sein Wasserspiegel kann übrigens je nach Jahreszeit bis zu 26 m schwanken. Am Südufer lädt dann die Seealm inmitten grüner Wiesen zur wohlverdienten Rast ein.

Hallstatt | Höhen und Tiefen

Hallstädter Bergwerk
April-Sept.
tgl. 9.30-16.30 Uhr,
Okt. tgl. 9.30-15 Uhr

34 Bereits in frühgeschichtlicher Zeit wagten Knappen oberhalb von Hallstatt den bergmännischen Salzabbau. Die Entdeckung eines riesigen Gräberfeldes auf diesem Salzberg brachte uns die Zeit von 800 bis 400 v. Chr. näher und gab dieser Epoche einen Namen: 'Hallstattzeit'. Tauchen Sie also ein in die Geschichte und den Stollen des Hallstätter Bergwerks.

Mit der Standseilbahn geht es bergauf zum ältesten Salzbergwerk der Welt. Dann gleiten Sie über eine Rutschbahn hinab ins Berginnere, wo der Grubenhunt wartet. Auf dem Weg durch die Stollen erfahren Sie auch die Geschichte vom Mann im Salz. Der rund 700 Jahre alte Rudolfsturm wurde übrigens zum Schutz des Salzberges errichtet. Von der Terrasse seines Berggasthofs bietet sich ein prachtvoller Ausblick.

Hallstatt | "Der schönste Seeort der Welt"

35 Es ist gar nicht so einfach, festzustellen, was auf dem Spaziergang durch Hallstatt mehr begeistert: der stetig wechselnde Blick auf den See, die vielen Holzhäuschen, die Schwalbennestern gleich in den Fels gebaut wurden, oder auch das Wissen um die jahrtausendealte Kultur in dieser Gegend. Die UNESCO jedenfalls hat die Region Hallstatt zum Weltkultur- und Weltnaturerbe erklärt. Im bis zu 125 m tiefen Hallstätter See tummeln sich viele Fischarten, rundherum führt ein schöner Weg, der sich im Sommer abkürzen lässt: Ein Ausflugsdampfer bringt Sie zurück nach Hallstatt, das Alexander von Humboldt den "schönsten Seeort der Welt" nannte. Fahren Sie hin und Sie werden sehen, es lohnt sich!

Obertraun | Eldorado für Paragleiter

36 Der 2100 m hohe Krippenstein gilt unter Paragleitern als einer der besten Flugberge mit idealem Wiesenstart. Hinauf auf den Krippenstein geht es mit der Dachsteinseilbahn. Der westliche Startplatz liegt oberhalb der Bergstation, in etwa 10 Minuten zu Fuß zu erreichen, auf einer riesigen grünen Wiese. Von hier aus wurden Spitzenleistungen geflogen: In Richtung Norden erreichten Paragleiter den Ebensee und im Westen Salzburg. Wenn Sie sich mit dieser Sportart befassen wollen, bietet sich der Besuch einer Flugschule an. Dort bringt man Ihnen die notwendigen 'windigen' Details anschaulich bei, bevor Sie dann in die Luft gehen. Falls Sie den farbenfrohen Höhenflug erst einmal ausprobieren möchten, buchen Sie am besten einen Tandemflug mit erfahrener Begleitung. Übrigens: Es gibt viele gute Paragleiter, die nicht schwindelfrei sind!

Obertraun | Bizarre Natur

Dachsteinhöhlen
Rieseneishöhle
Mai-Okt.
tgl 9.20-16 Uhr
laufend Führungen
Mammuteishöhle
Juni-Aug.
tgl. Führungen:
9.15-15 Uhr,
Sept./Okt.
10.20-14.30 Uhr
Koppenbrüllerhöhle
Führungen:
Mai-Okt. 10-16 Uhr,
Sept. 10.30-15 Uhr

37 Die Dachsteinhöhlen gehören neben der Eisriesenwelt bei Werfen zu den großartigsten Höhlen der Ostalpen. Im Sommerhalbjahr sind Mammut-, Rieseneis- und Koppenbrüllerhöhle täglich geöffnet. Für die Führung sollten Sie je etwa eineinhalb Stunden veranschlagen. Warme Kleidung und feste Schuhe sind unabdingbar.

Die Koppenbrüllerhöhle mit schönen Gesteinsformationen wird von unterirdischen Wasserläufen des Dachsteins durchflossen. Die bizarren Eispaläste der Rieseneishöhle zählen zu den besonderen Naturerlebnissen – eine eisige Märchenwelt aus Zinnen und Zacken, Türmen und Klüften. Auch die Mammuthöhle macht ihrem Namen alle Ehre: mit gigantischen Domhallen, für die die Höhlenforscher romantische Namen erfunden haben. Rieseneis- und Mammuthöhle erreichen Sie übrigens bequem mit der Dachsteinbahn.

Bad Aussee | Blühendes Wunder

Alpengarten
Bad Aussee
tgl. 8-18 Uhr

38 Der Bad Ausseer Alpengarten wurde als Schaugarten ausgestaltet, der Ihnen die Wunderwelt der Alpenblumen näher bringen soll. Im stillgelegten Steinbruch am Fuß des Ischlbergkogels, rund 3 km vom Ortszentrum entfernt, finden Sie das blühende Refugium mit idealen klimatischen Bedingungen in 800 m Höhe.

Beginnen Sie Ihren Rundgang beim Haus und spazieren Sie von dort im Uhrzeigersinn durch den Garten. Ein kleiner Hüttenschauraum liefert Hinweise auf den Naturschutz und Exponate zum Waldlehrpfad. Der führt über die Block- und Rindenhütte hinauf zum Aussichtsplatz oberhalb der Felswand. Die einzelnen Gehölze und Schauobjekte sind jeweils gekennzeichnet. Im großen Teich mit heimischen Wasserpflanzen tummelt sich allerlei Getier. Und auf einer der Wiesen blüht der Gelbe Enzian, aus dessen Wurzeln der Enzianschnaps gewonnen wird.

Altaussee | Gute alte Sommerfrische

39 Blumengeschmückt präsentieren sich die typischen Holzhäuser im Kurort Altaussee und erinnern an vergangene Zeiten – als man noch in die Sommerfrische fuhr. Sie befinden sich hier in einer der reizvollsten Landschaften des Salzkammergutes, dem Ausseer Land, auch bekannt als 'Trachteninsel'. Spazieren Sie durch den malerischen Ort zum Altausseer See vor dem Hintergrund des Toten Gebirges.

Der See besitzt Trinkwasserqualität, Motorboote sind nicht erlaubt! Aber Baden oder Tauchen dürfen Sie. Entdecken Sie doch bei einem Seerundgang die versteckten Reize dieses Gewässers. Lassen Sie sich dabei ruhig Zeit – schließlich sind Sie hier ja in der Sommerfrische.

Altaussee | Auf den Spuren großer Künstler

40 Komponisten, Dichter, Schauspieler und Maler gaben sich in Altaussee immer wieder ein Stelldichein und ließen sich inspirieren. Zur Erinnerung an die Künstler entstand der Wanderweg 'Via Artis', an dem Tafeln auf ihre Sommersitze und Feriendomizile hinweisen. So haben Sie die Möglichkeit, die Landschaft in Altaussee zu genießen und dabei den Spuren kreativer Menschen zu folgen.
Die gekennzeichneten Gebäude und Grundstücke befinden sich alle in Privatbesitz, sind also nicht zugänglich. Für den 4 km langen Weg in Altaussee benötigen Sie ca. zwei Stunden. Beginn ist beim 'Künstlerwinkel' im Kurhaus bzw. im Literaturmuseum. Und gehen Sie auch da auf Spurensuche!

Altaussee | Aussichtsreicher Gipfel

41 Über 9 km windet sich die mautpflichtige, gut ausgebaute Loser-Panoramastraße – von 850 m auf 1600 m Höhe. Unterwegs passieren Sie insgesamt 15 Kehren, die herrliche Ausblicke auf den glitzernden See unter Ihnen gewähren. Verlassen Sie ab und zu Ihren Wagen, genießen Sie die Aussicht und zählen sie die Gipfel ringsum. Oben erwartet Sie dann das Bergrestaurant mit seiner großer Sonnenterrasse, das zu einer längeren Rast einlädt. Denn wenn die Windverhältnisse es zulassen, herrscht hier oben ein reges Treiben. Dann schwingt sich ein Gleitschirmflieger nach dem anderen in die Lüfte, um elegant nach Altausssee hinabzuschweben. Das

Bergrestaurant ist außerdem ein idealer Ausgangspunkt für Wanderungen und Touren auf dem Hochplateau des Loser. Es lohnt sich also, die Bergstiefel einzupacken und zu einer unvergesslichen Bergtour aufzubrechen. Wie lange Sie unterwegs sein wollen, entscheiden Sie je nach Lust und Laune. Eine recht gut zu gehende Tour sollten Sie aber keinesfalls versäumen: Wandern sie von der Loserhütte eine gute Stunde bergauf und genießen Sie – gutes Wetter vorausgesetzt – vom 1838 m hohen Gipfel die herrliche Aussicht.

Grundlsee | Eine Gegend voller Romantik

42 Zu Beginn des 19. Jahrhunderts besuchten Mitglieder des österreichischen Kaiserhauses den Grundlsee. Die ersten Landschaftsbeschreibungen entstanden, dann folgten immer mehr Sommergäste der kaiserlichen Familie. Darunter war auch der reiche Wiener Kaufmannssohn und Literat Alexander Baumann. Er erkor die "Gegend um den lieblichen Grundlsee und die ihn umschließenden Berge und Almen" zu seinem Lieblingsaufenthalt. Auch der Biedermeiermaler Matthias Johann Ranftl verbrachte hier immer wieder die Sommermonate. Besonders gerne hielt er sich an einer Mühle bei Gößl am hinteren Grundlsee auf. Die Mühle wurde nach ihm benannt, da Ranftl sie in seinen Bildern verewigte und die romantische Landschaft dort sehr schätzte. Lassen Sie sich von der Romantik dieser malerischen Ecke überraschen.

Grundlsee | Idyllische Drei-Seen-Tour

43 Seit mehr als 100 Jahren fahren Schiffe von der Anlegestelle beim Gasthof Lindlbauer über den 6 km langen, bis zu 65 m tiefen und fischreichen Grundlsee nach Gößl. Von dort erreichen sie in gemütlichen 20 Minuten die Fischerhütte am romantischen und gehemnisvollen Toplitzsee.

Von der Fischerhütte bringt Sie ein Motorboot, vorbei an rauschenden Wasserfällen, ans andere Ende des Sees. Zu Fuß geht es dann weiter zum versteckt im Talschluss liegenden, grün schillernden Kammersee. Hier entdecken Sie dann auch den Traun-Ursprung: als Wasserfall 'getarnt'. Für diese Drei-Seen-Tour sollten Sie rund drei Stunden veranschlagen. Und genießen Sie die erholsame Idylle in der Abgeschiedenheit.

Ebensee | Stalagmiten und Stalaktiten

Gassel-Tropfsteinhöhle
Mai-Sept.
Sa. u. So. 9-16 Uhr

44 Bei der Gassel-Tropfsteinhöhle in der Nähe von Ebensee handelt es sich um eine aktive Tropfsteinhöhle. Sie zählt aufgrund ihrer natürlichen Farben und mächtigen Eisformationen zu den schönsten Höhlen Österreichs. Vom Parkplatz Rindbach führt der Weg durch das Rindbachtal, über den Wasserfall zur Schutzhütte und zum Eingang der Tropfsteinhöhle in 1225 m Höhe. Für die leichte, zweieinhalb Stunden dauernde Bergwanderung und die knapp einstündige Führung benötigen Sie festes Schuhwerk.

Auf gut ausgebauten Wegen und über sichere Stiegen lernen Sie dann die elektrisch beleuchtete Höhle auf gut 250 m Länge kennen und überwinden dabei einen Höhenunterschied von ca. 50 Metern. Lassen Sie sich bezaubern von den reizvollen bis bizarren Formationen.

Altmünster | Ein lehrreiches Erlebnis

Wildpark Hochkreut
tgl. 9-18 Uhr

45 Auf einer Bergkuppe südwestlich von Altmünster liegt in 961 m Höhe der Wildpark Hochkreut. Nach der Anfahrt über die Höhenstraße und durch den Fichtenwald erreichen Sie eine offene Bergkuppe mit Almwiesen.
Hier lädt Sie nun ein schöner Rundweg zur Wanderung durch den abwechslungsreichen Park, der Sie vom Frühjahr bis in den Herbst hinein zur Beobachtung von weit über 200 Wildtieren erwartet. Als kurzweilige Dreingabe informieren Sie der Frosch-Lehrtümpel und der Vogelstimmenlehrpfad: Auf Knopfdruck ertönt jeweils der Gesang einer einheimischen Vogelart, und zwar so naturgetreu, dass Vögel aus der Umgebung antworten. Im Panoramamuseum erfährt man Hintergründiges zu den umliegenden Berggipfeln.

Gmunden | 'Schmuckstück des Traunsees'

46 Mit 12 km Länge, 3 km Breite und bis zu 191 m Tiefe gehört der Traunsee zu den größeren Seen des Salzkammerguts. An der Nordspitze liegt Gmunden mit geschichtsträchtigen Schlössern: auf der Halbinsel Toscana das Landschloss Ort aus dem 17. Jahrhundert mit dem reizenden Rokokobrunnen und 17 Wappen der jeweiligen Besitzer – und auf einer kleinen Insel im See das Seeschloss Ort. Das 'Schmuckstück des Traunsees' erreichen Sie von der Halbinsel Toscana über eine 130 m lange Holzbrücke. Verweilen Sie ein bisschen auf dieser alten Holzbrücke, die beide Schlösser wirkungsvoll verbindet. Und wundern Sie sich nicht: Der schöne Anblick ist Ihnen möglicherweise vom Fernsehen her vertraut.

Keramik Pesendorfer
Freigasse 13,
Mo.-Fr. 9-12,
13.30-17 Uhr

Gmunden | Jahrhundertealte Tradition

47 Seit über 100 Jahren ist die Gmunder Keramik weltbekannt. Deshalb öffnen sich hier durchaus die Türen der einen oder anderen Manufaktur, so beispielsweise bei Keramik Pesendorfer. Auch in der Gmunder Keramik-Manufaktur können Sie bei einer Werkstattführung zuschauen und unmittelbar nachvollziehen, wie viel Kreativität im Töpferhandwerk zum Ausdruck kommt.

Sicher sehen Sie anschließend all die Gebrauchs- und Kunstgegenstände aus Keramik mit anderen Augen – etwa das einzigartige Keramik-Glockenspiel am lauben- und loggiengeschmückten Rathaus. Ein Treffpunkt ganz besonderer Art ist der Töpfermarkt Ende August: Auf den Plätzen rund um den See bieten Ihnen die Töpfer ihre handgefertigte Ware zum Kauf an. Bestimmt ist auch für Sie etwas Hübsches und Brauchbares dabei.

Scharnstein | Nichts für schwache Nerven ...

Österreichisches
Kriminalmuseum
Schloss Scharnstein,
Mai-Okt.
Di.-So. 9-17 Uhr

48 Um 1600 erwarb Helmhardt Jörger VIII. Schloss Scharnstein und stattete es prunkvoll aus. Davon blieb allerdings kaum etwas übrig: Im 19. Jahrhundert wurden fast alle Deckenbilder nach Schloss Laxenburg und ein Großteil der Einrichtungsgegenstände nach Schloss Ort verbracht. Als jedoch der Restaurator Seyrl das Schloss kaufte und renovierte, kamen noch mehr wertvolle Kunstschätze ans Tageslicht. Seit 1970 können Sie im Rittersaal stimmungsvollen Schlosskonzerten lauschen. Und seit 1973 hat im Landgerichtstrakt das 'Österreichische Kriminalmuseum' seine Türen geöffnet. Hier erfahren Sie anhand von exemplarischen Vorfällen Interessantes über österreichische Rechts- und Kriminalgeschichte und den historischen Strafvollzug vom Mittelalter bis zur Aufhebung der Todesstrafe. Die recht umfangreiche Sammlung regt zum Nachdenken an!

Grünau | 'Märchenhaftes Paradies'

49 In Schindelbach bei Grünau befindet sich ein 'märchenhaftes Paradies': das Kinderland im Almtal. Ein hübscher Rundweg führt durch lichten Wald und zu den wirkungsvoll unter alten Bäumen versteckten Märchenszenen. Wie war das noch gleich mit Dornröschen? Oder mit dem Froschkönig, der – goldenes Krönchen und goldener Ball inklusive – auf dem Brunnenrand sitzt? Kennen Sie noch die Bremer Stadtmusikanten? Esel, Hund, Katze und Hahn spielen da eine Hauptrolle. Dann geht es zu Hänsel und Gretel und zum Schneewittchen hinter den sieben Bergen. Und ein paar Schritte weiter besiegt Siegfried den Drachen.
Im nahe gelegenen Spiele-Paradies heißt es dann "Bitte einsteigen" – ins Kinderkarusell, in die kleine Eisenbahn oder ins Boot ...

Kinderland Schindelbach
April-Juni, Sept./Okt.
Sa. u. So. 10-18 Uhr,,
Juli/Aug.
tgl. 10-18 Uhr

Grünau | Zu Besuch bei den Graugänsen

50 Reizvolle Wanderwege durch Wald und Wiesen, am Bach entlang und an zahlreichen Tümpeln und Teichen vorbei, dazwischen heimische und exotische Tierarten – das alles erwartet Sie im Cumberland Wildpark. Sie sind eingeladen, die verschiedenen Bewohner zu beobachten und zu bewundern. Für die kleine Runde benötigen Sie knapp eineinhalb Stunden, für die große Tour eine gute Stunde länger. Dafür sehen Sie aber auch so seltene Tiere wie Elche, Wisente oder Mufflons. In der Großvoliere blicken Geier auf Sie herab, und am Südgatter dürfen Sie bei einer Rotwildfütterung zuschauen. Nehmen Sie sich auf dem Rundgang etwas Zeit für die Wasservögel und vor allem für die Graugänse. Denn die sind ja auch Forschungsgegenstand der berühmten Versuchsstation des Konrad-Lorenz-Instituts am Parkrand. Erinnern Sie sich, wie er sein erstes 'Gänsekind' nannte?

Wildpark Cumberland
April-Okt.
tgl. 9-17 Uhr,
Nov.-März
Mo.-Fr. 11-16 Uhr,
Sa. u. So. ab 9 Uhr

Grünau | Natur pur

51 Die beiden fischreichen Ödseen liegen etwa 690 m hoch. Im Gegensatz zum Kleinen Ödsee sind die Ufer des Großen oder Vorderen Ödsees von dichtem Wald umgeben. Dies fällt insbesondere dann auf, wenn Sie vom Jagdhaus Seeleiten auf das Gewässer schauen, das sich von dort oben sehr malerisch präsentiert. Falls Sie in diesem See baden wollen, müssen Sie über Felsen klettern oder sich einen Weg durchs Gestrüpp bahnen. Dafür sind Sie dann aber fast ungestört. Außerhalb der Badezeit tummeln sich in diesem stillen, romantischen Bergsee auch Wildenten. Und ab und zu kommen einige Graugänse aus dem nahe gelegenen Cumberland Wildpark zu Besuch. Vom Großen Ödsee führt ein Waldweg hinüber zum Kleinen Ödsee. Hier erwartet Sie ein herrliches Badeparadies: Am Südufer finden Sie nämlich schöne sandige Plätzchen – zum Sonnen und Faulenzen.

Micheldorf | Hier sind Sie willkommen

52 Burg Altpernstein können Sie gar nicht übersehen: Zwischen Kirchdorf und Micheldorf thront die Burg auf einem Felsen, der nach Norden und Südwesten senkrecht abfällt. Ursprünglich wohl etwa zwischen 1007 und 1055 errichtet, stammt der heutige Bau aus dem 15. Jahrhundert. Verschiedene Besitzer nutzten die strategische Lage.

Im Jahr 1630 wurde die Burg an das Stift Kremsmünster verkauft. Und seit 1948 tummelt sich hier oben viel junges Volk: Das 'Wahrzeichen des Kremstales' beherbergt seit dieser Zeit ein Jugendheim. Aber auch ältere Besucher sind auf Burg Altpernstein herzlich willkommen: im Rittersaal ebenso wie in der Rüstkammer oder im Burgstüberl – und natürlich auf der schönen Terrasse mit dem fantastischen Ausblick!

Micheldorf | Im Galopp den Hügel hinauf ...

Reitergut Weißenhof
Atzelsdorf 3

53 Der 300 Jahre alte Vierkanthof unterhalb von Burg Altpernstein ist für Pferdenarren ein Begriff: Das Reitergut Weißenhof beherbergt eine Menge Pferde und lädt ein, die liebliche Hügellandschaft ringsum auf dem Rücken eines Pferdes zu erkunden. Hier sind auch alle willkommen, die den Umgang mit diesen schönen Tieren erst noch erlernen wollen. Geübt wird zunächst in der Halle neben den Stallungen. Unterhalb liegt der Turnierplatz, auf dem die Springreiter trainieren. Frühmorgens treffen sich Rosse und Reiter dann gerne zum Ausritt durch Wald und Feld. Gemächlich geht es an Büschen und Bächen vorbei – und im kurzen Galopp den Hügel hinauf – Richtung Burg Altpernstein.

Hinterstoder | Heilkraft der Kräuter

54 Wussten Sie, dass Eibisch bei Heiserkeit und Husten, Brunnenkresse bei Blutarmut und Bitterklee gegen Magenverstimmung hilft? Ist Ihnen auch bekannt, wie diese Pflanzen aussehen und wie sie riechen? Diese und viele weitere Hinweise finden Sie auf einem rund 3,5 km langen Kräuterlehrpfad, der durch eine reizvolle Landschaft führt. Das Verkehrsamt hält eine Beschreibung des Lehrpfades bereit. Die etwa 20 Kräuterbeete sind der Einfachheit halber nummeriert. Links und rechts des Weges gibt es eine Menge zu sehen. Beim Beet der Familie Fessl bietet eine Kneippanlage Abkühlung an. Vielleicht schauen Sie mit der Taschenlampe auch kurz in die Kreidenlucke – eine interessante Höhle. Oder durch die Fenster einer alten Getreidemühle. Und dazwischen stoßen Sie immer wieder auf lehrreiche Kräuterbeete. Wissen sie nun, wie Sie Ihre nächste Erkältung kurieren?

Roßleithen | Ein ganz besonderes Gewässer

55 Der Gleinkersee gehört zu den kleineren Seen Oberösterreichs. Im Südwesten wird er von steilen, felsigen Hängen umrahmt. Der See besitzt kaum Zuflüsse, und auch der Abflussbach ist ziemlich wasserarm. Der geringe Durchfluss bewirkt, dass der See sich im Sommer stark erwärmt – zur Freude aller Wasserratten! Für einen Seerundgang sollten Sie sich genügend Zeit nehmen, denn die Pflanzenwelt ist hier bemerkenswert: Auf den Wiesen wächst die Trollblume und im Gebüsch die blaue Alpenrebe. Am Ostufer blüht zwischen großen Kalkblöcken die Alpenrose, ein bildhübsches Heidekrautgewächs. Und noch eine Besonderheit hat der Gleinkersee aufzuweisen: Er ist ziemlich gleichmäßig rund 20 m tief, bis auf eine kleine Zone im westlichen Teil. Da fällt der Seeboden unvermittel steil auf 125 m ab. Eine ungeheure Tiefe für so ein kleines Gewässer.

Spital am Pyhrn | Faszination des Fliegens

Flugschule Wings
Gleinkerau 471

56 Hier kann auch Ihr Traum vom Fliegen wahr werden. Die Flugschule Wings lädt alle Flugbegeisterten ein, am Schnupperkurs teilzunehmen. Solch ein Tag vermittelt erste Eindrücke vom Paragleiten oder Drachenfliegen. Wer höher hinaus will, kann nach abgeschlossenem Grundkurs den Pilotenschein erwerben, der zum selbstständigen Fliegen berechtigt. Auch Fortgeschrittene können hier weitere Erfahrungen sammeln. Ein besonderes Schmankerl sind die geführten Flugtouren – aber das ist nur etwas für Geübte! Vielleicht wollen Sie auch einfach nur mal mitfliegen? Mit einem geprüften Tandemlehrer betrachten Sie dann die Umgebung aus der Vogelperspektive. Aber Vorsicht! Frei über den Dingen schweben zu können, kann süchtig machen – nach weiteren Flügen über diese prachtvolle Landschaft.

Admont | Kunstreiches Ambiente

57 Im Jahre 1865 brannte die 1074 gegründete Benediktinerabtei – bis auf die wertvolle Bibliothek – fast völlig ab. Beim Wiederaufbau wurden hübsche Gärten und Parks angelegt, malerischer Mittelpunkt ist seitdem das Gartenhaus von 1661. Und im Rondell der Stiftsmauer bewacht ein romanischer Löwe den Zugang zur Abtei. Weltberühmt ist der barocke Bibliothekssaal mit der schönen Decke: Der Freskenzyklus von Altomonte ist ein Meisterwerk.
Gelungen sind auch die Darstellungen der 'vier letzten Dinge' – Himmel, Hölle, Tod und Gericht – und die überlebensgroßen Statuen zwischen den prachtvollen alten Büchern: Über 100 000 Bände mit 1100 Handschriften fasst diese Schatzkammer.

Benediktinerstift Admont
April-Okt.
tgl. 10-13, 14-17 Uhr

Admont | Junge Herberge im alten Schloss

58 Im ehemaligen Sommersitz der Admonter Äbte herrscht fröhliches Treiben: In den fast 350 Jahre alten Mauern von Schloss Röthelstein befindet sich seit 1974 eine Jugendherberge, in der auch Familien mit Kindern immer willkommen sind. Schloss Röthelstein liegt an einem Waldhang in 817 m Höhe. Von hier oben sehen Sie hinunter auf Admont und weit hinein ins Steirische Land.
Das Schloss besitzt eine prächtige Innenausstattung, die zu einem Besuch einlädt: Der doppelgeschossige überdachte Laubenhof wird Ihnen ebenso gefallen wie die originelle 'Rauchkuchl' – heute wie damals Treffpunkt hungriger Gäste. Das Ambiente der historischen Prunkräume inspiriert auch Künstler: Interessante Theateraufführungen, Ausstellungen sowie die Konzertreihe 'Admonter Musiksommer' wurden zu einer festen Einrichtung in dieser Schlossherberge.

Kabinenbahn Schmittenhöhe
Schmittenstr. 119,
Mai-Okt. 8.30-17 Uhr

Lassing | Burg mit zwei Kapellen

59 Im 11. Jahrhundert errichtet, gelangte Burg Strechau 1527 an das Geschlecht der Hofmann von Grünpichl. Diese erbauten nicht nur die Wehranlage und den sehenswerten Arkadenhof, Hans Friedrich Hofmann erkor Strechau auch zur Hochburg des Protestantismus in der Steiermark. Man sprach damals vom "Hofmannschen Glauben", denn er erwirkte 1579 Glaubensfreiheit für die Steiermark und erbaute aus diesem Anlass seine protestantische 'Hauskapelle', die nur mit einem Freskenzyklus an der Decke ausgeschmückt wurde. Als Gegenstück sehen Sie bei der Führung die katholische Kapelle mit reicher Ausstattung und den Rittersaal. Was für ein Unterschied!

Aigen | Wärmstens zu empfehlen

60 Vor dem Hintergrund des Grimming liegt – ausgesprochen idyllisch – der Putterersee. Dieses Angel- und Badeparadies lädt Sie ein, auszuspannen und sich von der Sonne verwöhnen zu lassen. Vom Strandbad haben Sie einen guten Blick auf die eifrigen Schüler der nahen Surfschule, die hier erste sportliche Versuche auf dem Wasser unternehmen. Falls Sie sich den See von einer anderen Perspektive ansehen wollen: Mit dem Ruderboot gelangen Sie vergleichsweise geräuschlos ans andere Ufer – zu verträumten Plätzchen oder zum Fischen von Aal, Hecht und Zander.

Die Trübung des Wassers wird übrigens von schwefelhaltigem Moorschlamm verursacht – der Ihrer Gesundheit nützt! Der Putterersee gilt auch als der wärmste Alpenmoorsee der Steiermark. Wenn Sie über dieses Juwel mehr wissen wollen, fragen Sie vor Ort nach der 'Sage vom Putterersee'!

Trautenfels | Treffpunkt Schlossmuseum

61 Schloss Trautenfels, 1261 als Burg Neuhaus zum ersten Mal urkundlich erwähnt, wäre allein schon wegen seiner barocken Stuckdecken und der weit über 300 Jahre alten Deckenfresken in den Prunkräumen Ihren Besuch wert.
Heute befindet sich zudem eine Abteilung des Steiermärkischen Landesmuseums Johanneum hier. Schwerpunkt der Sammlung ist die Volkskultur im 'Land im Gebirge', wie das Steirische Ennstal auch genannt wird. Darüber hinaus offeriert das Schlossmuseum interessante Sonderausstellungen, die jährlich wechseln. Vielleicht schauen Sie in dieser kulturellen Begegnungsstätte einfach mal vorbei.

Schloss Trautenfels
April-Okt.
tgl. 9-18 Uhr

Tauplitz | Auf Schusters Rappen

62 Das schöne Wanderparadies 'Sonnenterrasse `Tauplitzalm' erreichen Sie mit dem Sessellift von Tauplitz aus oder über die Panoramastraße. Vom 1600 m hoch gelegenen Parkplatz führen markierte Wege durch das Naturschutzgebiet mit herrlichem Alpenpanorama. Falls Sie sich für die `Große Seenwanderung´ entscheiden sollten, führt Ihr Rundweg Sie zu fünf Bergseen: Vom Krallersee, einem Moorsee mit Quellspeisung, gehen Sie zum Trinkwasserreservoir Großsee und von dort durch die Latschengasse zum Märchensee. Am Großseebach entlang führt Sie der Weg zum Tauplitzsee und zum Aussichtspunkt auf den Sturzhahn. Der Steirerseeleit'n-Höhenweg verheißt Ausblicke auf den Schwarzsee, am Steirersee entlang geht es dann wieder zurück zur Tauplitzalm.

Bad Mitterndorf | Bootswandern zwischen steilen Bergen

63 Der Salza-Stausee zieht nicht nur Wanderfreunde, die festen Boden unter den Füßen mögen, magisch an, auch Wasserwanderer sind begeistert von der Szenerie. Von Mitte Mai bis Ende September können Sie hier ein Wanderkanu, Ruderboot oder gar ein Surfbike bzw. Wasserfahrrad mieten und sich auf den Wasserweg machen. Rund 5 km lang schlängelt sich der lang gezogene See, stellenweise von steilen Bergflanken eingerahmt, durch Wald und Fels. Achten Sie beim Rudern oder Paddeln auf einen hervorspringenden Felsen mit einem Kreuz, das sich auf der rechten Seite zeigt. Diese markante Stelle sollten Sie als Wendepunkt Ihres Wasserausflugs betrachten. Viel Vergnügen!

Gröbming | Rund um den Stoderzinken

64 Westlich von Gröbming erhebt sich der 2048 m hohe Stoderzinken, erreichbar über eine Mautstraße. Unterwegs bietet sich ein herrlicher Ausblick auf die Hohen und Niederen Tauern, den Dachstein und die Gesäuseberge. In 1800 m Höhe erwarten Sie dann eine Hochgebirgsalm mit vielfältiger Alpenflora und der Gasthof 'Steinerhaus'. Schöne Spazierwege locken zum Peter-Rosegger-Denkmal – der Dichter hielt sich gern hier oben auf – und zum Friedenskirchl, einem Logenplatz mit Glocknerblick.

Zur Wanderauswahl stehen auch der Gipfel des Stoderzinken oder die 'Brünnerhütte'. Von dort erreichen Sie, allerdings nur als geführte Wanderung, den 'Brandner Urwald' und die 'Notgasse', eine Bergschlucht mit geheimnisvollen Felszeichnungen.

Schladming | Alte Bergstadt

65 Uralte Knappenhäuser mit bewegter Geschichte erinnern in Schladming daran, dass dieses reizvolle Städtchen noch teilweise aus der Bergbauzeit stammt. Hammer und Haue im Stadtwappen zeugen ebenfalls davon. Schladming lädt Sie zum Flanieren ein, z. B. zu den Resten der Stadtbefestigung mit dem 300 Jahre alten Salzburger Tor und dem Gedenkstein am unteren Stadtplatz: 1525 wurde die aufständische Stadt im Bauernkrieg niedergebrannt.

Das interessante Stadtmuseum unterrichtet Sie über die Geschichte des Ortes. Wo einst die bekannte Malerin Pauline Flechner-Halm ihr Atelier hatte, erfahren Sie heute alles über acht Jahrhunderte Schladming und über den geologischen Zuschnitt der Umgebung. Vergessen Sie bei Ihrem Spaziergang durch die schmalen Gassen aber nicht die steirische Gastlichkeit – und das würzige Schladminger Bier.

Stadtmuseum Schladming
Bruderladenhaus, Talbachgasse 110, Di.-Fr. 10-12, 17-20 Uhr, So. 11-14 Uhr

Ramsau/Dachstein | Fahrt ins ewige Eis

66 Die Dachstein-Südwand, eine fast 900 m senkrecht abfallende Wandflucht, ist das Wahrzeichen der Ramsau. Die Landschaft des Dachsteins übte seit jeher eine unwiderstehliche Faszination aus: Bergsport hat hier Tradition. Bergführer bieten ein umfassendes Alpinprogramm, vom Wandern und Klettern über Felsplatten und im schroffen Gelände bis zum Umgang mit Höhenmesser und Karte.

Die Türlwand in 1700 m Höhe markiert den Anfang von Almrundwegen, die Südwandhütte, Bachlalm, Glösalm, Brandalm und Austria-Hütte (mit sehenswertem Alpin-Museum) miteinander verbinden. Von hier geht es auch mit der Ramsauer Gletscherbahn genau 1000 m höher. Steigen Sie ein in die rote Kabine und lassen Sie sich ins ewige Eis entführen.

Salzburger Land / Salzkammergut

Die schönsten Radtouren
für Sie entdeckt

Naturerlebnis und Geselligkeit, Anstrengung und Erholung – dieses Wechsel- und Spannungsverhältnis macht den Reiz einer Fahrradtour aus. Und da neben der sportlichen Betätigung vor allem die Freude am Radfahren nicht zu kurz kommen soll, radelt man auf ausgeschilderten Wegen oder idyllischen Nebenstraßen, streift kleine und große Seen oder begleitet Flüsse und Bäche. Dabei spielt es keine Rolle, ob es sich um einen kurzen Sonntagsausflug, eine anspruchsvolle Tagesfahrt oder um

eine mehrtägige Tour mit allen Schwierigkeitsgraden handelt. Was zählt, ist das intensive Erlebnis und nicht so sehr die zurückgelegten Kilometer. Ob man nun allein, mit Freunden oder der Familie unterwegs ist – immer ist auch der Weg das Ziel: Wer mit offenen Augen durch Österreich radelt, entdeckt reizvoll gelegene Badeseen und gemütliche Biergärten, die unter Schatten spendenden Bäumen zur Rast einladen, oder kleine Museen mit verborgenen Schätzen. Oft grüßen romantische Schlösser und Burgen auf halber Höhe, die mit weiten Ausblicken punkten. Geht es gar zu steil bergauf, darf der Drahtesel auch mal geschoben werden. Dafür weht der Fahrtwind bergab umso kräftiger um die Nase.

In diesem Freizeitführer und in der beigefügten Freizeitkarte werden die schönsten Fahrradtouren vorgestellt. Die abwechslungsreichen Strecken berühren sehenswerte Ausflugsziele und wecken die Freude an Natur, Kultur und Geselligkeit.

Tour 1 | Von Zell am See nach Saalfelden und per Rundkurs zurück

1

Länge: **34 km**
Dauer: **3 Stunden**
Kombinierte Rund- und Streckentour auf dem Tauernradweg zwischen Zeller See und Steinernem Meer.

Von Zell am See, das exponiert zwischen dem Zeller See und der Schmittenhöhe liegt, radelt man nordwärts am Schloss Prielau, das heute als Hotel genutzt wird, vorbei und weiter über Gerling nach Saalfelden. Unterwegs lockt ein Abstecher zur Wallfahrtskirche Maria Alm. Saalfelden liegt am Fuß des Steinernen Meeres, das Wanderer vom weithin sichtbaren Riemannhaus erkunden. In Wiesing verlässt man die Hauptroute des Tauernwegs und fährt auf einer Nebenstrecke nach Gerling zurück, von wo es auf bekanntem Weg zurück nach Zell am See geht.

Tour 2 | Wagrain – Jägersee und zurück

2

Länge: **26 km**
Dauer: **2,5 Stunden**
Bei der Fahrt durch das Kleinarlbachtal sind 300 Höhenmeter zu überwinden. Dann rollt man genüsslich wieder zurück.

An den Wagrainer Sesselliften geht es auf der nur an Wochenenden stärker befahrenen Teerstraße meist leicht ansteigend in das Kleinarlbachtal. Nach 8 km erreicht man den Ort Kleinarl, in dem die Skilegende Annemarie Moser-Pröll aufgewachsen ist; eine Trophäensammlung ist im Café Annemarie zu bestaunen. Nach weiteren 5 km taucht die urige Jägerseehütte am gleichnamigen See auf, wo Liegewiesen und Wanderwege zum Verweilen einladen. Ungern verlässt man diesen friedfertigen Ort, doch die finale Abfahrt nach Wagrain ist ein Hochgenuss.

Tour 3 | Bischofshofen – Golling

3

Länge: **25 km**
Dauer: **2 Stunden**
Die Streckentour ist ein Teilabschnitt des gut markierten Tauernradwegs. Drei Highlights liegen an der Strecke.

Der Ausgangsort ist Urlaubern vor allem durch die traditionelle Vierschanzentournee ein Begriff. Von der Pfarrkirche St. Maximilian radelt man das Salzachtal in nördlicher Richtung. Unterwegs passiert man das Mühlendorf Pfarrwerfen und nähert sich der eindrucksvollen Felsburg Hohenwerfen. Noch spektakulärer ist indes die Eisriesenwelt wenige Kilometer flussabwärts: Die Eishöhlen am gegenüberliegenden Salzachufer sind an Größe, Ausmaß und Faszination nicht zu überbieten. Kurz vor dem Etappenziel Golling muss schließlich noch ein kurzer Gegenanstieg zum Pass Lueg bewältigt werden.

Tour 4 | Salzburg – Hallein

4

Länge: 32 km
Dauer: 2,5 Stunden
Zwischen Salzburg und Hallein verläuft der Tauernradweg entlang der Salzach – an einem Ufer hin, am anderen zurück.

Ausgangsort für diese genussreiche Flusstour ist die Karolinenbrücke direkt unter der Festung Hohensalzberg (s. Abb.). Man fährt unmittelbar am Westufer der Salzach immer der Sonne entgegen. Nach Passieren des Künstlerhauses verlässt man die Stadt. Von der Unterquerung der A10 abgesehen erwartet den Radler bis Hallein ein stiller Naturgenuss abseits jeglichen Autoverkehrs. In der alten Salinenstadt quert man zur Pernerinsel und erreicht auf der Kuhbrücke die andere Uferseite. Hier geht es auf dem beschilderten Tauernradweg retour.

Tour 5 | Faistenau – Hof bei Salzburg – Ebenau – Faistenau

5

Länge: 27 km
Dauer: 2,5 Stunden
Die Strubklammrunde führt durch bewaldetes Hügelland und an der Strubklamm entlang zum Hintersee.

Von Faistenau geht es nordwärts durch das Baderbachtal nach Haslau und Hof bei Salzburg. Hier zweigt eine kleine Teerstraße links ab zum Gasthof Nußbaumer, von dem man in schöner Fahrt die Straße nach Ebenau erreicht. Hinter dem Ort hält man sich an der Straßengabelung links und taucht in die wildromantische Strubklamm ein; noch näher kommt man dem spritzigen Vergnügen allerdings auf dem Metzgersteig an der gegenüberliegenden Seite. Die Straße überwindet einige Höhenmeter bis zum Hintersee, der bei schönem Wetter zahlreiche Badegäste anlockt. Von dort sind es dann nur noch 3 km bis zum nahen Ausgangspunkt.

Tour 6 | Schörfling – Unterach – Nußdorf – Schörfling

Länge: 50 km
Dauer: 3,5 Stunden
Die Tour um den Attersees ist eine sportliche Herausforderung, auch wenn nur wenige kleinere Steigungen anstehen.

Der Ausgangsort Schörfling thront mit Schloss Kammer auf einer Anhöhe über dem nördlichen Seeende. Von hier geht es am östlichen Seeufer über die Orte Weyregg und Steinbach mehr oder weniger nah am Wasser entlang. Am südlichen Ausläufer lohnt ein Abstecher zur Burggrabenklamm. Unterach liegt bereits am Westufer und wartet mit einem schönen Edelkastanienwald auf. Spätestens hinter Nußdorf entfernt man sich vom See, die Route führt über eine Anhöhe im Bogen nach Attersee mit der markanten Wallfahrtskirche Maria Attersee und zuletzt über Seewalchen nach Schörfling.

Tour 7 | Gmunden – Kaltenbach – Traunkirchen – Gmunden

Länge: 17 km
Dauer: 1,5 Stunden
Die kurze Runde um den Traunsee wird mit Unterstützung einer Fährpassage zurückgelegt.

Die Tour beginnt an der Gmundener Information, überquert die Traun und führt auf der Traunsteinstraße zur Fährstation Hoisen am Fuß des Traunsteins. Von hier geht es, da die kleine Straße am Ostufer in eine Sackgasse mündet, mit dem Fährboot ans andere Ufer nach Traunkirchen. Der Radweg nach Gmunden führt in Abschnitten abseits der Hauptstraße entlang und garantiert schöne Seeblicke.

Tour 8 | Scharnstein – Grünau – Seehaus am Almsee und zurück

Länge: 40 km
Dauer: 3 Stunden
Im Almtal endet die Österreichische Romantikstraße. Ohne größere Anstrengungen genießt der Radler die Tour.

Scharnstein liegt am Eingang des idyllischen Almtals. Im Ort kann man sich im Kriminalmuseum über den Strafvollzug vom Mittelalter bis zur Aufhebung der Todesstrafe informieren. Vom Bahnhof geht es in südlicher Richtung über Grünau zum Wildpark Cumberland, der vor allem durch die Verhaltensforschung von Konrad Lorenz an Graugänsen bekannt geworden ist. Anschließend fährt man am kleinen Jagdschloss vorbei in den hinteren Talschluss, wo sich der Almsee versteckt. Am Seehaus bleibt Zeit für ein ausgiebiges Bad und eine deftige Jause, bevor man in flotter Fahrt den Rückweg antritt.

Tour 9 | Bad Ischl – Bad Aussee – Obertraun – Bad Ischl

9

Länge: **59 km**
Dauer: **4 Stunden**
Großartige Rundtour auf anspruchsvoller Route mit kräftigen Steigungen auf dem Salzkammergutradweg.

Bereits der Anstieg durch das Rettenbachtal ist landschaftlich großartig, es geht stets am Bach entlang zur Blaa-Alm und wieder abwärts nach Bad Aussee. Wieder steigt die Route kräftig an und passiert nach rasanter Abfahrt die Koppenbrüllerhöhle. Dann geht es von Obertraun am Fuß der Dachsteinhöhle in schöner Fahrt an den Steilufern um den Hallstädter See. In Hallstadt bietet sich ein Zwischenstopp an, bevor die abwechslungsreiche Schlussetappe durch das schluchtartige Trauntal nach Bad Ischl (s. Abb.) folgt.

Tour 10 | Admont – St. Georgen – Selzthal – Admont

10

Länge: **44 km**
Dauer: **3 Stunden**
Abwechslungsreiche Rundtour über die Nagelschmiede in das Paltenbachtal und auf dem Ennsradweg.

Von Admont ist eine ordentliche Steigung am Hahnstein vorbei zur Nagelschmiede zu überwinden. Doch zuvor lohnen noch die Benediktinerabtei und Schloss Röthelstein einen Besuch. Nach der sehr steilen Abfahrt von der Passhöhe in das Tal des Paltenbachs geht es deutlich geruhsamer durch die Orte Bärndorf und St. Georgen talauswärts. In Selzthal stößt man auf den Ennsradweg, der abseits des Verkehrs parallel zur Bahnlinie nach Admont zurückführt. Wer möchte, kann die Tour bis nach Enns an der Donau fortsetzen.

Impressum

Bildnachweis

Titelbild: Studio Lang, Ostfildern
Fotos Ausflugziele: Archiv Mairs Geographischer Verlag Nr. 10, 23, 33, 34, 46, 51 + 59; HB Verlag/P. Trummer (Aufmacherfoto); FVV Hallein Nr. 8; FVV St. Johann/Pongau Nr. 18; FVV Scheffau Nr. 12; FVV Straßwalchen Nr. 20; FVV Strobl Nr. 26; KV Bad Ischl Nr. 30; KV Zell am See Nr. 17; Landesverband für Tourismus in Oberösterreich Nr. 44; Salzburger Burgen und Schlösser GmbH Nr. 14; Salzburger Tiergarten Hellbrunn Nr. 6; Spielzeugmuseum Salzburg Nr. 4; Steiermark Werbung Nr. 37; W. Storto Nr. 28; Tourismusverband Attersee Nr. 24; Tourismusverband Ramsau Nr. 66; Tourismusverband Salzkammergut Nr. 39; Verlag Eisriesenwelt Nr. 13; VV Gröbming Nr. 64; VV Pfarrwerfen Nr. 15; alle übrigen Fotos R. Schenk-Kern
Fotos Radtouren: R. Schenk-Kern S. 43 + 45; Studio Lang S. 42, 44 sowie Aufmacherfoto

Impressum

Allianz Freizeitführer

Redaktion: MAIR DUMONT GmbH & Co. KG, Radegunde Schenk-Kern, Marco-Polo-Zentrum, D-73760 Ostfildern, Tel. 0711/4502-0, Fax 0711/4502-1006, E-Mail: schenk-kern@mairs.de
Kartografie: MAIR DUMONT / Falk Verlag, Ostfildern
Gestaltung: red.sign, Stuttgart
Layout: Studio Lang, Ostfildern

Die Angaben in diesem Freizeitführer, insbesondere die Anschriften und Öffnungszeiten, wurden sorgfältig geprüft. Für die Richtigkeit der Angaben kann trotzdem keine dauerhafte Gewähr übernommen werden. Die in dieser Broschüre vorgestellten Radtouren basieren weit gehend auf Vorgaben der Kompass-Radwanderführer, erschienen im Deutschen Wanderverlag.